O Estado

O Estado
Adriana Mattar Maamari

FILOSOFIAS: O PRAZER DO PENSAR
Coleção dirigida por
Marilena Chaui e Juvenal Savian Filho

wmf **martinsfontes**
São Paulo 2014

Copyright © 2014, Editora WMF Martins Fontes Ltda.,
São Paulo, para a presente edição.

1ª edição 2014

Edição de texto
Juvenal Savian Filho
Acompanhamento editorial
Helena Guimarães Bittencourt
Revisões gráficas
Letícia Braun
Sandra Cortés
Edição de arte
Katia Harumi Terasaka
Produção gráfica
Geraldo Alves
Paginação
Moacir Katsumi Matsusaki

Dados Internacionais de Catalogação na Publicação (CIP)
(Câmara Brasileira do Livro, SP, Brasil)

Maamari, Adriana Mattar
  O Estado / Adriana Mattar Maamari. – São Paulo : Editora WMF Martins Fontes, 2014. – (Filosofias : o prazer do pensar / dirigida por Marilena Chaui e Juvenal Savian Filho)

  ISBN 978-85-7827-878-6

  1. O Estado 2. Filosofia política 3. Ética I. Chaui, Marilena. II. Savian Filho, Juvenal. III. Título. IV. Série.

14-06358   CDD-320.101

Índices para catálogo sistemático:
1. O Estado : Filosofia : Ciência política   320.101

Todos os direitos desta edição reservados à
Editora WMF Martins Fontes Ltda.
Rua Prof. Laerte Ramos de Carvalho, 133 01325-030 São Paulo SP Brasil
Tel. (11) 3293-8150 Fax (11) 3101-1042
e-mail: info@wmfmartinsfontes.com.br http://www.wmfmartinsfontes.com.br

SUMÁRIO

Apresentação • 7
Introdução • 9

1. O Estado na Antiguidade • 13
2. Os Antigos e nós: a existência humana inseparável da política e da cidade • 26
3. Governo na Idade Média • 33
4. O Estado em nossos dias: tensão entre política e ética • 44
5. Conclusão • 76

Ouvindo os textos • 83
Exercitando a reflexão • 95
Dicas de viagem • 101
Leituras recomendadas • 103

APRESENTAÇÃO
Marilena Chaui e Juvenal Savian Filho

O exercício do pensamento é algo muito prazeroso, e é com essa convicção que convidamos você a viajar conosco pelas reflexões de cada um dos volumes da coleção *Filosofias: o prazer do pensar*.

Atualmente, fala-se sempre que os exercícios físicos dão muito prazer. Quando o corpo está bem treinado, ele não apenas se sente bem com os exercícios, mas tem necessidade de continuar a repeti-los sempre. Nossa experiência é a mesma com o pensamento: uma vez habituados a refletir, nossa mente tem prazer em exercitar-se e quer expandir-se sempre mais. E com a vantagem de que o pensamento não é apenas uma atividade mental, mas envolve também o corpo. É o ser humano inteiro que reflete e tem o prazer do pensamento!

Essa é a experiência que desejamos partilhar com nossos leitores. Cada um dos volumes desta coleção foi concebido para auxiliá-lo a exercitar o seu pensar. Os temas foram cuidadosamente selecionados para abordar os tópicos mais importantes da reflexão filosófica atual, sempre conectados com a história do pensamento.

Assim, a coleção destina-se tanto àqueles que desejam iniciar-se nos caminhos das diferentes filosofias como àqueles que já estão habituados a eles e querem continuar o exercício da reflexão. E falamos de "filosofias", no plural, pois não há apenas uma forma de pensamento. Pelo contrário, há um caleidoscópio de cores filosóficas muito diferentes e intensas.

Ao mesmo tempo, esses volumes são também um material rico para o uso de professores e estudantes de Filosofia, pois estão inteiramente de acordo com as orientações curriculares do Ministério da Educação para o Ensino Médio e com as expectativas dos cursos básicos de Filosofia para as faculdades brasileiras. Os autores são especialistas reconhecidos em suas áreas, criativos e perspicazes, inteiramente preparados para os objetivos dessa viagem pelo país multifacetado das filosofias.

Seja bem-vindo e boa viagem!

INTRODUÇÃO
O ser humano e a política

Para falarmos do Estado, convém pensar em algo anterior a essa temática e pressuposto por ela: a relação do ser humano com a política. A política é uma reflexão que tem origem na Grécia antiga, mais precisamente em Atenas, e surgiu para esclarecer as formas de pensar a administração e o governo da sociedade.

As formas de governo conhecidas historicamente variaram segundo a concepção de poder implantada e de acordo com a quantidade de pessoas envolvidas, bem como com a origem daqueles que desempenhavam o poder. Nesse sentido, os gregos experimentaram diferentes formas de governar, que nos inspiram até os dias atuais quando identificamos tipos de política ou quando a idealizamos.

As formas conhecidas pelos gregos foram a timocracia (governo dos militares), a aristocracia (governo dos melhores, ou seja, dos considerados mais aptos ou mais virtuosos para governar), a oligarquia (governo de poucos ou dos mais ricos), a democracia (governo do povo ou de todos os cidadãos, isto é, governo em que todos teoricamente podem ocupar o poder e suceder-se nele), república ou regime constitucional (governo regulado por leis ou por uma constituição), monarquia (governo exercido por um rei que é sucedido no poder por hereditariedade) e tirania (governo em que um só ocupa o poder por usurpar o direito dos demais ou por governar acima das leis e a despeito delas).

Entre todas as formas citadas, Atenas foi a *pólis* ou cidade-Estado grega que implantou a democracia durante a Antiguidade. A democracia, teoricamente, elevava ao máximo a participação dos cidadãos – no contexto em questão, indivíduos do sexo masculino e atenienses adultos natos – na vida pública ou nos assuntos da cidade. Assim, questões podiam ser propostas, debatidas e decididas com direito à participação de todos os cidadãos. Em razão de um contexto mais livre para a expressão do pensamento e da ação, em Atenas surgiram e desenvolveram-se os principais filósofos políticos da Antiguidade grega. Foi o caso de Sócrates, Platão e Aristóteles. Este último, embora não fosse cidadão nato, mas um estrangeiro (*meteco*), teve em Atenas a sua cidade de permanência e atividade filosófica.

Neste livro, abordaremos o tema do Estado sem diferenciá-lo de governo, embora haja uma distinção. Aqui, para o nosso objetivo didático, não precisamos nos alongar; basta dizer que o termo *Estado* surge com as divisões dos Estados nacionais europeus, na configuração geopolítica que se deu durante o século XIX e se desenha ainda contemporaneamente. Por sua vez, a ideia de governo é mais antiga, sendo comum ao nosso mundo e ao mundo antigo. Contudo, governo e Estado são entendidos por nós em continuidade, e é esse precisamente o caminho que procuraremos percorrer neste livro. Assim, tomaremos governo e Estado como sinônimos.

Na Modernidade, a partir do século XVIII, com a Revolução Francesa e a Independência dos Estados Unidos, os países do Ocidente implantaram repúblicas ou monarquias constitucionais, todas com um funcionamento baseado na democracia representativa. As decisões ocorrem por meio do sufrágio universal e essa participação cidadã torna-se um ideal, sendo com o tempo alargada, alcançando as mulheres – que até as primeiras décadas do século XX ainda estavam excluídas do direito ao voto – e a todos indistintamente desde que estejam em maioridade política (definida, em geral, nos 18 anos de idade).

Esse ideário, porém, é abalado no final do século XIX e no transcurso do século XX, quando surgem teorias e processos históricos de transformações sociais que criticam as sociedades capitalistas e implantam, em alguns casos, regimes socialistas, alguns perdurando até os nossos dias. É para compreender essa dinâmica moderna e suas raízes que convidamos você a refletir conosco neste livro.

1. O Estado na Antiguidade

Sócrates (469-399 a.C.) não registrou seu pensamento por escrito, mas propagou suas ideias na oralidade dos encontros com personagens de sua época. Recusou-se à escrita por considerar que ela tornaria o seu pensamento perene, dando a ele uma transcendência, estabilidade e imortalidade que ele jamais buscou. Ele pretendia que suas palavras, proferidas num tempo e espaço determinados, se restringissem à imanência de tudo o que há no mundo e obedecessem ao eterno ciclo de vida e morte, inserindo-se na temporalidade dos acontecimentos. Não seria possível, para o filósofo, perenizar o que de mutável e perecível havia nas suas palavras e argumentos. Cada pensamento de Sócrates estava, para ele, no contexto em que ele se encontrava.

Sua grande contribuição ao domínio da política foi primeiramente o fato de fazer dela um tema filosófico, ou seja, ocupar-se com ela, trazendo-a à reflexão, pois até então os filósofos gregos tinham tratado de especulações ligadas ao mundo natural e à busca do desvelamento das leis que explicam o mundo material e o ordenam. Ficaram, aliás, conhecidos como filósofos da Natureza (*phýsis*). Para Sócrates, os assuntos da cidade, as leis instituídas (*nómos*) e a ética ou conduta moral (*éthos*) dos cidadãos tornaram-se o centro de sua preocupação. Sócrates buscava que as leis da cidade e a conduta moral dos cidadãos atingissem um ideal de perfeição por emulação ou imitação (*mímesis*) do que encontramos na Natureza. A questão que surgia, porém, é: a Natureza e as suas leis, em si mesmas, têm um funcionamento perfeito, regular, mas as leis humanas não podem ser assim, pois cada ser humano está exposto ao acerto ou à regularidade, mas também ao erro e à irregularidade. Surgia, portanto, a necessidade de conceber uma filosofia moral que aprimorasse a compreensão das leis, pondo-as na direção da verdade e da perfeição como reprodução das leis da Natureza.

Para Platão (428-348 a.C.), discípulo de Sócrates, a escrita é importante para a Filosofia que busca construir, embora ele mesmo reconheça que nada substitui a oralidade. Aliás, a forma literária por ele escolhida para seus livros foi o diálogo, criando verdadeiras cenas teatrais. Além disso, os escritos de Platão permitem entrever que ele ensinou ideias que não registrou por escrito. Em todo caso, ele se pretende um seguidor de Sócrates, que é sempre inserido como o protagonista de seus diálogos. De certo modo, podemos pensar que a forma pela qual a Filosofia é propagada por Platão (por meio do gênero dramático, na polifonia das personagens) consagra de forma viva e intensa a Filosofia em seu sentido imanente ou imerso na temporalidade do cotidiano grego. A Filosofia não viveria no mundo das nuvens ou separada da vida; ao contrário, ela nasce da experiência terra a terra e visa contribuir para a felicidade humana também terra a terra.

Platão, porém, não encontra respostas apenas no nível da imanência ou da observação da Natureza. Já Sócrates havia pressuposto que talvez fosse preciso levar a investigação para além da Natureza, a fim de entender a própria Natureza. Platão assume esse projeto com radicalidade, pois se dá conta de que tudo o que observamos não pode ser explicado com base nas meras observações físicas. Há, por exemplo, regularidade no modo como ocorrem os acontecimentos físicos, mas não se pode ver o princípio dessa regularidade mesma. Platão, por isso, afirma que a Filosofia tem vocação à transcendência, quer dizer, vocação para investigar o que há na base das aparências físicas, a fim de compreender o que dá sentido a elas, o que as "atravessa" (trans-cende). É essa pesquisa que o faz, por exemplo, supor que, além da dimensão física do corpo, o ser humano também possui uma dimensão não física ou psíquica, chamada tradicionalmente de *alma*. A alma não seria "uma coisa" dentro do corpo, pois, se ela estivesse sujeita a um dentro e a um fora, ela seria física e, portanto, corporal. Na verdade, com a palavra *alma* (*psyché*), Platão visava indicar tudo aquilo que observamos no ser humano, mas não conseguimos explicar como acontecimentos corporais.

Algo do gênero seria, por exemplo, o desejo universal da felicidade. Todos os seres humanos desejam ser felizes e isso não se explica apenas por uma lógica de compensação e de punição física. Há em nós, mesmo quando permanece embotado, um desejo de manifestar quem somos, de encontrar um sentido para nossa existência pessoal e social, de fazer vibrar a entonação que só cada um de nós pode dar à melodia da vida. A esse desejo e a essa "presença" em nós, chamando-nos sempre para a afirmação, a positividade, a realização, Platão chama de Bem ou Ideia do Bem. Mais do que uma simples "ideia", no sentido moderno de uma construção mental ou de uma convenção forjada socialmente, Platão identifica em tudo – seja nos minerais, seja nas plantas, como também nos animais irracionais e no ser humano – uma presença que sempre atrai para a autoafirmação, o desenvolvimento e a autorrealização. A prova disso é que mesmo as coisas irracionais sempre buscam a permanência, a expansão, a positividade, nunca a destruição gratuita, a involução ou a diminuição. Mesmo o suicídio, que parece ser um desejo de autodestruição, pode ser visto como um desejo do Bem, pois, quando alguém se suicida, crê estar fazendo uma coisa boa para si mesmo. Segue, portanto, a tendência para a afirmação e a autorrealização de si mesmo. É a essa presença ou forma (*Idéa*, em grego), experimentada por todos os seres, que Platão denomina Ideia do Bem.

Na vida social, os valores éticos e políticos decorrem, segundo Platão, da Ideia do Bem ou são formas derivadas dela. É por isso que a política tem um papel central na sua filosofia, como também na de Sócrates. Ambos preocupavam-se em identificar o melhor governo e o papel dos cidadãos para o bom funcionamento da totalidade do espaço público. Tal espaço, no qual a política é estruturante, por sua vez, é também o campo da visibilidade e da publicidade.

Na construção de sua filosofia política, Platão inicia pela educação, pois atribui a ela um papel de extrema relevância para a cidade; afinal, é ao longo de um processo educativo que os cidadãos definem e desenvolvem suas potencialidades para, de acordo com elas, ocupar diferentes funções no todo orgânico social. Platão, aliás, refere-se à cidade como um organismo vivo e utilizava-se da metáfora do corpo para falar da cidade justa: os membros do corpo seriam os cidadãos, que são o alicerce da manutenção e do bom funcionamento da cidade. Se, por alguma razão, um órgão ou parte desse todo orgânico não estiver sadio, a cidade como um todo não poderá apresentar um bom funcionamento, adoecerá, definhará e morrerá. As guerras, sedições, injustiças e conflitos em geral são sintomas de doença. Por conseguinte, segundo Platão, um bom governo é aquele que administra a cidade com justiça, dando a cada um o que melhor lhe convém ou o que lhe é natural de acordo com seu talento para ocupar funções específicas na cidade. Outra metáfora utilizada por Platão para identificar o melhor governo é a metáfora do navio: o governante é quem segura o leme e conduz o barco com propriedade, não deixando a embarcação, isto é, a cidade, à deriva.

A cidade, como corpo orgânico e bem conduzida ao modo de uma nau, com pessoas educadas para que cada uma ocupe o seu lugar e exerça a função específica que lhe cabe no ordenamento geral, permitirá que a totalidade seja saudável, em harmonia, ou seja, em perfeição. Para tanto, o governante terá de ser sábio, dando oportunidade a cada um de exercer o que é conforme à sua própria natureza. Agindo desse modo, será um governante justo. Será também bom, pois o governo bom e ideal é o que é exercido com justiça. Donde ser tão importante o processo educativo; afinal, é por meio dele que as pessoas, desde a infância, adquirem consciência de si mesmas, de seus interesses, limites e potencialidades.

Platão chega mesmo a propor um modelo pedagógico baseado num rol de disciplinas, conteúdos e procedimentos específicos. Quanto mais elevado o nível da educação, mais alta também será a exigência de envolvimento e responsabilidade com a cidade, cobrando-se dos cidadãos mais esclarecidos maior poder de decisão perante seus concidadãos. É nesse processo que, segundo Platão, deve ser escolhido o governante. Ele há de ser o mais apto, o que alcançou conhecimentos mais sofisticados, sobretudo na compreensão da vida em sociedade, de modo que, ao governar, possa ser perfeitamente justo. Da perspectiva das aptidões naturais, o governante terá, então, de ser alguém capaz de realizar os estudos mais profundos e abstratos (a Filosofia), pois são esses estudos que permitem compreender o que é o Bem e como vivem de acordo com ele, isto é, com justiça. Em outras palavras, o governante será alguém educado pela e para a cidade. Dele se exigirá ainda autoconcentração, abnegação e capacidade de sacrifício em prol do bem comum.

Por causa desse currículo de estudos, a teoria política de Platão ficou conhecida como a teoria do *governante filósofo* ou do *rei filósofo*. Como o governo é baseado no ideal de justiça, as leis da cidade devem, assim como também dizia Sócrates, mimetizar a harmonia e o perfeito ordenamento que há no mundo natural. Então, o governo justo é aquele que tem boas leis, que reproduzem as leis perfeitas da Natureza, pois buscam aprimorar-se em direção à perfeição.

Em suma, o ideal de governo no pensamento socrático-platônico é o de uma república (ou regime constitucional, quer dizer, regido por leis), tendo a forma de governo aristocrática (o governo do melhor ou mais apto, o rei filósofo). A democracia, que hoje nos é tão familiar, embora ao mesmo tempo tão frágil e tão ameaçada, era descartada por Platão porque ele não considerava que todos fossem capazes de governar, uma vez que nem todos conseguiam contemplar a verdade do ideal de justiça. No seu dizer, o risco da democracia é degenerar em corrupção e demagogia. Não é por acaso que hoje, nos países democráticos, insiste-se para que os governantes se alternem no poder, pois o risco de um cidadão ser um mau governante é compensado pelo de outro ser bom. O poder é do povo (*dêmos*, em grego), ou, em outras palavras, é de todos. Mas mesmo essa justificativa da democracia não agradaria Platão, que via nesse raciocínio um procedimento sofístico, relativista e equivocado.

Os sofistas foram alvo das críticas de Sócrates e Platão porque eram vistos como vendedores de saber. Como eles aceitavam remuneração por suas aulas (visto que alguns dos sofistas eram ex-escravos), Sócrates e Platão percebiam que, às vezes, eles não eram fiéis à busca da verdade, mas ao objetivo de agradar o público pagante. Donde sua associação com demagogia e desonestidade. Hoje se sabe que, historicamente, nem todo sofista foi um demagogo ou um mau pensador. Pelo contrário! Aliás, o próprio Platão dedica a alguns sofistas (Protágoras e Górgias, por exemplo) papéis de grande importância em seus diálogos, o que significava que ele reconhecia o valor do debate com eles. Infelizmente, porém, os sofistas ficaram associados à demagogia e representam até hoje o que um governo democrático corrompido e demagógico pode conter de pior. Um governo desse tipo se afasta do ideal educativo, pois faz com que as pessoas se tornem reféns daqueles que as conduzem e as iludem, fazendo-as ficar presas à opinião comum (*dóxa*) e aos preconceitos vulgares, sem desenvolver um pensamento crítico, racional e dialético (*epistéme*) que as eleve à abstração capaz de alcançar a Filosofia.

Outro filósofo que tem ideias políticas de destaque na Antiguidade é Aristóteles (384-322 a.C.). Ele viveu num período em que Atenas já não gozava de um governo soberano como havia outrora existido, pois os gregos foram subjugados pelo império macedônico. Mesmo tendo origem macedônica, Aristóteles viveu em Atenas, onde habitavam filósofos, artistas e educadores e onde florescia uma grande diversidade de pensamento. Aquele foi o momento, segundo alguns, mais privilegiado da cultura grega, pois, por meio do ideal de educação (*paideía*), ela se torna viva, difunde-se e exerce maior influxo em outros povos. Como consequência, nascerá o período conhecido como helenismo, marcado pela vocação universal e cosmopolita do pensamento e da política, e não apenas nacional, como era até então.

No tempo de Aristóteles, embora os gregos deplorassem estar sob o jugo de outra nação, havia certa efervescência na vida pública, com a circulação de personalidades de distintas posições, em torno das quais se arregimentavam adeptos ou discípulos. Isso diferenciava a Atenas de Aristóteles da Atenas de Sócrates e Platão. Como o governo ateniense não era mais soberano, não havia a mesma participação dos cidadãos na vida pública e na política. Nesse contexto, Aristóteles surge como um filósofo que retoma o legado dos pensadores gregos que o antecederam e faz um verdadeiro inventário desse patrimônio, comentando um a um os autores que conheceu. Com isso, contribuiu para que muitas obras perdidas pudessem ser conhecidas e estudadas posteriormente, como é o caso dos primeiros filósofos (que posteriormente serão chamados de pré-socráticos). Nessa perspectiva, Aristóteles também descreve as constituições que já tinham sido implantadas na Grécia e tece comentários a esses códigos segundo a sua própria filosofia, que ele começava a conceber. Para ele, filósofo, o regime ideal será o da república ou *politeía* (regime constitucional ou baseado nas leis); a forma de governo preferida, a aristocrática, assim como havia sido para Platão. Aristóteles, como seu mestre, terá reservas quanto à democracia, mas assumirá que em certos povos ela pode ser uma forma adequada.

Uma característica distintiva do pensamento de Aristóteles é a concepção do homem como animal político (*zôon politikón*). Não há o vocábulo "social" no grego antigo (os romanos é que exprimirão, em latim, o conceito referente a esse termo). Isso quer dizer que a acepção aristotélica de animal político está relacionada com a ideia de vínculo orgânico ou inerente à natureza humana com a vida pública da cidade e não apenas com convenções ou acordos. Para Aristóteles, a comunidade mais simples é a família, e a cidade, uma comunidade complexa, é originada de um conjunto de famílias. A família estaria, portanto, inscrita na natureza do homem, no aparato mesmo de sua espécie, que determinaria também as famílias à formação da cidade. É nesse sentido que ele concebe o ser humano como animal político. Não há propriamente indivíduo em seu pensamento, no sentido em que se usará esse termo mais tarde, mas há um ser político, gregário, que se organiza por meio da família e da cidade, no sentido de que cada um desses conglomerados vai aumentando, originando-se do antecedente e incluindo-o. O homem, assim concebido, é indissociável de seu grupo político.

2. Os Antigos e nós: a existência humana inseparável da política e da cidade

De certa forma, a indissociação do homem com relação à cidade, ou, em outras palavras, a inexistência de individualidade na condição humana – uma vez que o homem só se reconhecia como tal ao reconhecer-se cidadão no grupo político em que nasceu –, é característica comum às concepções filosófico-políticas dos pensadores da Antiguidade.

A cidadania, para os gregos, era definida pela cidade de nascimento de cada um. Na civilização romana, até se podia conceder cidadania a quem não tivesse necessariamente nascido em Roma, mas, no contexto greco-romano em geral, a cidadania ou a condição cívica e patriótica de cada um era algo vital à existência humana. Um exemplo disso eram os crimes punidos com o banimento da cidade, também chamado de ostracismo. Quem sofresse essa condenação passava por uma espécie de morte simbólica, porque ficava impedido de permanecer em sua pátria, sendo forçado a exilar-se. O exílio, ao qual alguns célebres pensadores haviam sido condenados, como o próprio Aristóteles, em Atenas, e Sêneca (4 a.C.-65 d.C.), em Roma, acabava sendo muito difícil e profundamente doloroso para a pessoa assim condenada, pois a vida sem a pátria era praticamente inconcebível; afinal, não havia possibilidade da existência de um indivíduo apartado de um mundo restrito à sua própria pátria.

De certa forma, Sócrates também foi exemplo, em vida, da indissociabilidade que havia entre ele, como pessoa, e a sua pátria (Atenas), tornando-o antes de tudo alguém que se reconhece como cidadão ou homem cívico. O que mais bem pode ilustrar isso é a sua recusa a escapar da pena de morte à qual foi sentenciado, pois havia facilidades para que escapasse à prisão. Mesmo com tais facilidades, Sócrates se resigna à sentença imposta a ele pelo governo da cidade, por respeito à ideia de governo. Aceita, então, a morte e o faz, segundo o relato de Platão, serenamente, bebendo cicuta. O ser humano tratado de maneira indissociável da política e como portador de uma existência fundida com a do grupo político é algo que nos distancia por completo, em nossos dias, do que foi a realidade dos povos antigos, pois, na atualidade, os indivíduos podem muito bem ter uma parte ou a totalidade de suas vidas apartada ou mesmo alienada da política. Podem também emigrar para tantos outros lugares que não têm relação alguma com o seu lugar de nascimento ou país de origem, e, ainda assim, ser felizes ou sentir realização e bem-estar.

Os antigos viviam sob o ideal de dedicar a vida até colocá-la em risco e, no limite, morrer por uma causa patriótica, desde que em defesa de seu grupo político. O homem moderno e contemporâneo já não vive sob o mesmo ideal. No universo greco-romano da Antiguidade, o serviço militar era praticamente obrigatório para os cidadãos livres. Tratava-se, é claro, de uma armada cavalheiresca que dominava o manejo de armas brancas ensinadas de pai para filho. O poema de Homero, intitulado *Odisseia*, mostra isso na ocasião em que os aristocratas de Ítaca disputam a sucessão do reino de Ulisses e perdem tal disputa quando se veem tendo de manejar um arco, vergando-o, e não conseguem fazê-lo. Somente Ulisses conseguirá. Esse é o momento em que o herói retoma a realeza que é sua por direito, pois em Ítaca há um regime monárquico, sendo o local considerado antepassado lendário de Atenas.

Há em Plutarco (46-120) uma imagem que também demonstra a importância da vida dedicada à pátria até a morte. Essa imagem será prestigiada por Jean-Jacques Rousseau (1712-1778) na Modernidade: trata-se do retorno dos atenienses a Atenas, vindos de uma batalha contra os espartanos, na qual tinham sido vencidos. Os soldados, perdedores, foram recebidos pelos pais com choro e sofrimento, pois voltar de uma guerra vivos e vencidos era muito pior do que terem morrido como vencedores. Há aí uma transposição de valores dos sentimentos familiares diante do que vivemos em nossos dias, especificamente no que tange aos sentimentos de amor dos pais pelos filhos. Para nós, chega a ser impensável que a morte vitoriosa de um filho na guerra seja motivo de maior comemoração do que seu regresso com vida, mesmo como perdedor. Vê-se claramente no exemplo de Plutarco que o amor à pátria se sobrepunha ao amor em relação ao próprio filho, o que para nós, hoje, seria algo inadmissível.

Além desses traços que diferenciam a concepção de política na Antiguidade e nos dias de hoje, a organização sociopolítica também é uma distinção considerável. Havia, por exemplo, no mundo antigo, a escravidão, algo condenável nos países ocidentais de nossos dias. Na Antiguidade, porém, alguém podia tornar-se escravo por ser prisioneiro de guerra ou por não ter conseguido saldar uma dívida. Eles não possuíam o *status* de cidadãos, assim como também não o possuíam as pessoas estrangeiras (os metecos). Aristóteles, por exemplo, era um estrangeiro em Atenas, mas, como dispunha de posses, pagava anualmente uma taxa para ter algumas prerrogativas – uma delas era a de não vir a ser vendido. Mesmo no contexto da democracia, apenas as pessoas do sexo masculino, livres, adultas e nascidas em Atenas podiam participar da vida política, sendo reconhecidas como cidadãs. Nas democracias dos países ocidentais, esse direito foi alargado a toda a população a partir da maioridade política (em geral a idade de 18 anos), incluindo as mulheres. Entretanto, ainda que levemos em conta as distinções entre nós e os antigos, não podemos negar que foi justamente no contexto greco-romano da Antiguidade que a política tornou-se possível.

Foram precisamente os atenienses os criadores da política. Os romanos deram continuidade a essa criação. É por essa razão que nenhuma outra civilização da Antiguidade, no tocante à política, recebe o mesmo destaque que damos a esses dois povos. O conceito de política remete justamente aos elementos que vimos até aqui e se referem à administração do grupo humano que se define por relações internas de pertencimento (no mundo grego, a cidade-Estado ou *pólis*). Refletindo sobre o melhor modo de administrar ou governar o agrupamento humano, com base em leis e procedimentos, os gregos conceberam, pela primeira vez na história do pensamento ocidental, a separação entre as esferas de poder público e de poder privado. O vocábulo "sociedade" não existia no contexto grego. Como dito anteriormente, termos como "sociedade" e "social" são provenientes da língua latina, que dizer, a língua dos romanos. Isso explica por que, mesmo para referir-se ao que hoje chamaríamos de "social", os gregos se referiam a eles como "político". Atualmente, a política é vista como o exercício do poder público, mas o leitor, pelo que já foi apresentado aqui, tem condições de entender como, para o mundo antigo, a política perpassava toda a vida humana.

Quanto ao poder privado, tratava-se das relações internas às famílias. O chefe doméstico era o pai, que em grego recebia o nome de *despótes*. O poder do pai era, digamos, arbitrário e podia dispor sobre a vida e a morte de seus membros. O poder do chefe de família deu origem ao termo "despotismo", que modernamente foi utilizado para designar um tipo de governo em que é a pessoa do governante – em geral, um rei, um imperador ou um análogo – quem governa acima e a despeito de qualquer outra autoridade, sendo ele próprio a personificação do poder que justifica todas as ações governamentais. Justamente essa personificação não era concebível no ideal de política do mundo antigo, pois, mesmo quando autoritários, os governantes deviam pautar-se por princípios estabelecidos pela história de seu corpo político.

3. Governo na Idade Média

Em geral, a Idade Média é retratada com clichês. Por exemplo, falou-se dela, durante muito tempo, como a Idade das Trevas. Visava-se transmitir a imagem de uma estagnação cultural, de domínio da religião e ausência de política. Essa historiografia, atualmente, está ultrapassada. Nos melhores livros de História, o leitor encontrará outra visão desse longo período que vai do século V ao século XV e é composto por uma imensa gama de formas sociais, culturais, filosóficas, científicas e também políticas.

Não é equivocado dizer que de modo geral, com o surgimento do feudalismo, a estrutura política na Idade Média foi composta, de um lado, pelas formas de poder dos senhores de terras e, por outro, pelos reis ou governos absolutistas. Houve também toda uma reflexão sobre a origem divina do poder. Neste livro, porém, não nos deteremos nessas informações, que podem ser encontradas, como dissemos, em qualquer bom livro de História. Preferimos adotar um outro caminho, mais ousado certamente, a fim de dar uma chave de leitura original para compreender o modo como os medievais concebiam o poder e relacionavam-se com ele, cruzando elementos sociopolíticos e religiosos. Uma característica central desse modo é dada justamente pelo surgimento da noção de indivíduo ou de valorização de cada pessoa humana pelo que ela simplesmente é, e não necessariamente pelo papel que desempenha no corpo sociopolítico. O nascimento da noção de indivíduo está ligado, sem dúvida, à contribuição das religiões judaica, cristã e muçulmana, principalmente pela religião cristã, que concebia a vida no mundo como ocasião para cada pessoa participar da salvação de Deus. A fim de conseguir a salvação, cada um devia aceitá-la livremente. Essa experiência acarreta consequências filosóficas muito importantes para a concepção do poder e do governo. Ela opera com noções como liberdade pessoal, consciência, decisão e autoconhecimento. Se conseguirmos visualizá-las, teremos condições de entender um pouco melhor o modo como, na Idade Média, o poder passará a ser visto.

Nossa estratégia, aqui, não será resumir as concepções medievais de governo, mas levantar dados relativos a essa mudança de visão de mundo que começa a dar ênfase na experiência individual. Tomaremos como base o livro publicado recentemente pelo filósofo político italiano Giorgio Agamben com o título *A pobreza mais elevada: regras monásticas e formas de vida* (vol. IV-1 da obra *Homo sacer*, que está aos poucos sendo publicada em português).

As pesquisas de Agamben permitem rever um clichê que não é raro encontrar nos estudos de ética e filosofia política medieval, qual seja, a afirmação de que, na Idade Média, a liberdade individual era diluída numa prática marcada pela obediência a modelos de comportamento nitidamente determinados. Agamben, porém, analisando a relação que se estabelecia entre a ideia de regra e a de forma de vida na Idade Média, oferece elementos impressionantes. Seu trabalho insere-se no projeto de escrever a história da sedução que vivemos na contemporaneidade pelo poder e pelo direito como reguladores da vida. Curiosamente, pensaríamos que, em nossa sedução pelo poder, somos herdeiros diretos da Idade Média, época em que o domínio religioso não deixava margem para a liberdade individual e toda a vida era regulada por práticas bem delineadas socialmente. As pesquisas de Agamben, também em consonância com o trabalho de vários outros historiadores, vão no sentido contrário, fundando-se exatamente na análise da relação entre regra e vida.

O objeto de estudo de Giorgio Agamben é o monaquismo medieval, fenômeno em que se concretizava o ideal de uma "vida regular", ou seja, de uma vida não somente comandada por uma regra escrita (documento redigido pelo fundador de um estilo de vida consagrado no interior do cristianismo), mas formatada tão estreitamente por essa regra, a ponto de mostrar-se inseparável dela. Essas regras (como a de São Bento, por exemplo, ou a de Santo Agostinho e São Francisco, apenas para citar as mais conhecidas) compõem-se de preceitos básicos que vão desde práticas espirituais até recomendações a serem seguidas à mesa, no descanso, no trabalho manual etc., passando por prescrições litúrgicas, exortações morais, disciplinares, práticas corretivas e exercício da autoridade. O que interessa a Agamben não é analisar esse conjunto de prescrições, mas a dialética que se instaura tão perfeitamente entre a ideia de regra e a ideia de vida, que alguns historiadores não hesitam em dizer que há entre elas uma perfeita identidade.

No capítulo I, item 2.2, Agamben mostra como as regras monásticas mantêm, com relação à esfera do direito e da política, uma posição no mínimo contraditória. Com efeito, de um lado, elas enunciam com força verdadeiros preceitos de comportamento e dão mesmo listas de castigos para os monges que os transgridem. Por outro lado, porém, elas convidam com igual insistência a que os monges não considerem as regras um dispositivo legal. A conclusão da regra de Santo Agostinho, por exemplo, termina dizendo: "Que o Senhor vos permita observar tudo isso com alegria, [...] não como escravos sob a lei, mas como homens livres sob a graça."

No item 2.3 do mesmo capítulo, Agamben transcreve um caso que circulava nos ambientes monásticos. Conta-se que, durante uma discussão, um monge bateu num outro, que revidou nos mesmos termos. São Pacômio, um dos fundadores do monaquismo cristão, convoca os dois monges em presença de toda a comunidade e, depois de ambos confessarem seu erro, decide expulsar aquele que havia batido primeiro e suspender o outro durante uma semana. Diante dessa decisão de Pacômio, enquanto a comunidade punha para fora o primeiro monge, um deles, um velho monge de nome Gnositeu ("aquele que tem a ciência divina"), na altura de seus 80 anos, pede a palavra e declara à comunidade: "Irmãos, eu também sou pecador; então também vou embora com esse irmão. Se alguém não tem pecado, que permaneça aqui." A comunidade inteira, então, como se tivesse um corpo só, seguiu o ancião, dizendo: "Nós também somos pecadores; partimos com esse irmão." Pacômio corre diante deles, joga-se ao chão com o rosto em terra e pede perdão a todos, dizendo: "Se assassinos, feiticeiros, adúlteros e outros que são culpados de algo refugiam-se no mosteiro para aí encontrar sua salvação pela penitência, quem sou eu para expulsar um irmão?" Como mostra Agamben, essa é apenas uma das narrativas que circulavam entre os monges, a fim de formar a relação deles com a lei. Sua conclusão é a de que a analogia, à primeira vista plausível, entre o julgamento da autoridade e um processo penal não tem a menor credibilidade. O clima em que viviam os monges não era o de uma submissão passiva à lei ou à autoridade, mas o de um uso da lei a fim de conseguir um trabalho de si que levasse à perfeição ética e espiritual. Nem os súditos eram só súditos, porque também tinham autonomia, nem os governantes eram vistos como infalíveis, pois em todos os cantos do mundo medieval havia reflexões sobre as circunstâncias nas quais seria legítimo desobedecer. É verdade que a Inquisição, mesmo sendo um fenômeno tardio (séculos XIII-XVII), tentará mudar esse modo de ver a lei, exigindo submissão passiva, mas não conseguirá, até porque no seu próprio interior a prática de julgamentos será muito variada.

A dinâmica contraditória de ver a lei e o governo na Idade Média será explicada pelo jesuíta Francisco Suárez, nos séculos XVI e XVII, como o "paradoxo do voto religioso" ou promessa de cumprir o que diz a regra religiosa. Esse paradoxo consiste no fato de que a promessa ou o voto consistia numa obrigação que não tinha por objeto um ato humano definido, mas a obrigação mesma, quer dizer, o religioso não se obrigava a cumprir um ato x ou y, mas "obrigava a obrigar-se" a seguir a regra, fazia um "voto do voto". Suárez distingue dois sentidos do termo *votum*: (i) o voto pode designar a obrigação e o laço que permanecem naquele que o pronuncia; (ii) mas também pode designar o ato mesmo do qual nasce a obrigação (o ato de fazer a promessa). Nesse segundo sentido, ou seja, dando atenção ao ato mesmo de obrigar-se, o voto é um ato pelo qual o religioso se obriga em relação a Deus, e, como tal, ele é uma obrigação pela qual cada um se remete espontaneamente a Deus. Não se trata simplesmente, como é o caso da lei, de obrigar-se a praticar atos determinados e a não praticar outros atos também determinados. Trata-se, antes, de uma prática que produz na vontade do indivíduo um laço permanente e como que habitual, tendo por objeto a busca constante de Deus. Nos termos de Agamben, o que Suárez busca pensar de forma tão laboriosa é o paradoxo de uma obrigação cujo conteúdo primeiro não é um certo comportamento, mas a forma mesma da vontade daquele que, emitindo o voto, se liga a Deus. Impossível, portanto, falar de obediência a modelos de comportamento nitidamente determinados, como se a obediência significasse ausência de liberdade individual ou equivalesse ao ato de um sujeito que, no limite, não seria um agente ético, mas um móbil de uma vontade alheia. Agamben vai mais longe e afirma que o voto, que é um caso paradigmático do modo como o sujeito agente é visto na Idade Média, é a forma da lei, mas não seu conteúdo, assim como o imperativo categórico kantiano, que não tem imediatamente nenhum objeto além da vontade mesma. À parte a discussão para saber se a vinculação do voto monástico ao imperativo categórico é pertinente ou não (o que exigiria mediações demoradas que não é possível fazer aqui), algo parece inegável: a condição monástica não é nem substância nem conteúdo, mas um hábito ou uma forma, donde ser possível entender melhor a identificação entre regra e vida.

Ainda no capítulo I, item 1.4, Agamben revela um pouco mais claramente o sentido que ele vê nas formas de vida monástica medievais com relação à ética e à política. Diz ele que o pensamento contemporâneo e, mais recentemente, as filosofias do direito procuraram falar de normas constitutivas, que não prescrevem um ato determinado nem regram um estado de coisas preexistentes, mas fundam elas mesmas a existência do ato ou do estado de coisas. No dizer de Agamben, é evidente que a execução de uma regra desse tipo se torna problemática, pois uma forma de vida seria o conjunto das regras constitutivas que a definem. Mas, dessa perspectiva, o monge seria definido pela soma das prescrições segundo as quais ele vive? Não seria possível dizer, com a mesma validade, que é exatamente o contrário que se dava na Idade Média, ou seja, que era a forma de vida do monge que criava as regras? Na realidade, a ideia de uma regra constitutiva implica que seja neutralizada a representação corrente segundo a qual o problema da regra consistiria simplesmente na aplicação de um princípio geral a um caso particular. O projeto monástico, transferindo o problema ético do plano da relação entre norma e ação para o da forma de vida, parecia pôr em questão a dicotomia entre regra e vida. Tratava-se da dicotomia presente na união entre universal e particular, necessidade e liberdade, dicotomia que é mais típica de nosso modo de compreender a ética e a política do que do modo medieval. Mas essa dialética medieval entre a consciência individual (vida) e a lei ou o governo (regra) contagiará as raízes do pensamento ocidental e permanecerá em muitas concepções de poder da Modernidade. Não é à toa que, perante o que hoje se chama frequentemente de "crise do mundo contemporâneo" ou crise de modelos éticos, políticos e econômicos, Giorgio Agamben, ele mesmo um ateu libertário, defenda a necessidade de buscarmos inspiração nessa dialética medieval para repensarmos o que entendemos por ética, política e economia.

4. O Estado em nossos dias: tensão entre política e ética

4.1. O Renascimento e o retorno dos antigos

O Renascimento, como indica esse rótulo histórico que o período recebe, será marcado pela retomada dos valores e ideias dos pensadores antigos, considerados originários para a civilização ocidental. Essa fase tem influência na elaboração de certo humanismo cívico que traz à cena novamente e de modo bastante revigorado o conceito de república aristocrática como ideal de governo a ser implantado.

Nesse momento, a ideia de república passa a ser a de um regime baseado na constituição ou no ordenamento jurídico do Estado, sem direito divino como na Idade Média. Evocava-se o que está na raiz da palavra "república", que resulta da junção de duas palavras latinas: "coisa" (*res*) e "pública" = coisa pública. A república, nessa acepção ampla, é o regime que realiza a política por excelência, uma vez que o espaço público é condição necessária para que isso ocorra. No âmbito dos gregos, a palavra equivalente à república é *politeía*, como já dissemos. Nesse sentido, se um governo funcionar com respeito às leis, será republicano, ainda que seja governado por um monarca. Dois pensadores da época do Renascimento foram e ainda são em nossos dias bastante influentes. Trata-se de Nicolau Maquiavel (1469-1527) e Michel de Montaigne (1533-1592).

Uma das principais obras de Maquiavel chamava-se *O Príncipe* e buscava orientar o governante na realização de um governo que o perpetuasse e realizasse uma administração dos conflitos (já que a política é por ele entendida como o espaço dos conflitos e das negociações), fazendo sempre a melhor escolha para manter o apoio a seu governo e a sua continuação política. Vemos, por essa ideia, que a política vai deixando, aos poucos, de ser vista como a arte de implantar o bem de todos, como era no mundo antigo e medieval, para ser entendida como um jogo com fim em si mesmo. Maquiavel é considerado um pensador político realista e, embora leitor dos antigos, afasta-se da crença numa utopia ou ideal político a ser perseguido, pois a sucessão dos acontecimentos históricos que ele estuda e acompanha o leva à descrença de que esse ideal seria realmente possível. Ele ainda é considerado o pai da política moderna no sentido de que é quem anuncia uma separação fundamental para que a noção de Estado moderno possa inicialmente ser constituída: a separação da religião e do Estado, ou, mais impactante ainda, a separação da ética e da política. O político deve, segundo Maquiavel, separar os valores éticos e religiosos das escolhas que faz no governo, ainda que simule (minta) a respeito dessa separação ou a dissimule (esconda). O importante, no seu dizer, é não tornar-se impopular nem perder alianças importantes para a sua perpetuação no poder. Há, em Maquiavel, certa teatralização da política como o espaço da simulação e dissimulação, ou do "jogo de cena" do governante, que protagoniza um papel em que o espectador (o povo) é posto como passivo e contemplativo diante do espetáculo. Retira-se, assim, do povo a condição de sujeito da História, uma vez que é relegado à posição de objeto de manipulação dos interesses de quem está no poder.

Retomando o princípio de que o todo é maior do que a soma das partes, já anunciado por Aristóteles,

Maquiavel o remete à Política e diz não crer que seja possível resolver os conflitos segundo o que os antigos consideravam justiça. É mesmo impossível resolvê-los na administração pública, concedendo-se a cada grupo ou parte interessada o que é por ele reivindicado, pois sempre que uma parte for atendida haverá outra descontente, e por isso o todo, nesse caso, é maior do que a soma das partes. Diante dessa impossibilidade, Maquiavel afirma que o governante deve fazer a melhor escolha do ponto de vista do fortalecimento do próprio poder e simular ou dissimular como se possuísse a arte de bem governar ou de governar de maneira justa. É por isso que, para Maquiavel, os fins justificam os meios quando se trata de fortalecer o poder, donde a necessidade de separar a política dos valores éticos. Em razão de seus textos, Maquiavel foi banido, associado à maldade absoluta e ao demônio. O adjetivo "maquiavélico" até hoje tem o sentido de diabólico, calculista, frio e maldoso, pois se origina no maquiavelismo forjado pelos seus inimigos, na maioria cristãos, em um período de intolerância e preconceitos profundamente arraigados. Mas, apesar do mito do maquiavelismo, não podemos deixar de reconhecer a importância de Maquiavel para o pensamento das relações entre poder e ética e, sobretudo, para pensar o que é a política. Suas fortes intuições são dotadas ainda hoje de grande potencial de reflexão.

É exatamente o cenário de intolerância vivido por Maquiavel que Michel de Montaigne assiste e busca evitar. Ele não quer ser considerado maquiavélico e procura evitar não só o ostracismo como também a morte, já que essa era uma possibilidade bastante concreta naquele momento. O período era bastante difícil, pois estava mergulhado nos conflitos de religião, que, por interesses também políticos e econômicos, manifestavam-se como intolerância, conduzindo a massacres como a famosa Noite de São Bartolomeu, retratada por Alexandre Dumas com a imagem forte do dia em que o rio Sena, em Paris, transformou-se em um rio de sangue. No dia do massacre, os protestantes de Navarra iam a Paris para assistir ao casamento de seu rei com a princesa Margarida de Valois, conhecida como rainha Margot, sucessora no trono da França. Eles foram pegos numa emboscada da corte católica de Paris, caçados e mortos enquanto dormiam nas tavernas dos arredores da cidade. Esse evento leva Montaigne a se afastar dos assuntos políticos e a se defender da acusação de maquiavelismo que, em certo sentido, já começava a pesar sobre ele.

O século XVI, no âmbito da teoria moral e política, refere-se constantemente ao filósofo romano Marco Túlio Cícero (106-43 a.C.) e ao tema que aparece em uma de suas obras principais, intitulada *Os deveres* (*De Officiis*): o par "útil – honesto". Montaigne, particularmente, toma-o como referência explícita em sua obra Os *Ensaios*, particularmente no livro 3. Os *Ensaios*, por sua vez, são produzidos como pintura viva, um autorretrato ou conjunto de ensaios de uma vida, inaugurando o gênero literário da biografia filosófica na Modernidade (o protagonista é o escritor que realiza um itinerário em busca de sentido para sua própria existência). As influências notórias de Cícero na vida e obra de Montaigne revelam-se como um estoicismo eclético. Além disso, há também influências e motivações implícitas como as que o levaram a escrever o texto. Sabe-se que pesava sobre ele a acusação de "maquiavélico", por conceber a ação política como experiência que rompe o vínculo com a moral e o divino.

É esse o registro do texto em questão. Ao longo de seu desenvolvimento notam-se os esforços por diferenciar as ações públicas das privadas. Nas públicas, Montaigne defende a prevalência do útil sobre o honesto (compreendendo o uso das "máscaras", perfídias e perjúrios); nas privadas, defende ele a necessidade do honesto, promovendo a fidelidade (*fides*), a honra e a honestidade. No decorrer de sua argumentação, Montaigne se apresenta sempre com uma conduta honesta, honrosa e fiel, mesmo diante dos negócios públicos. Isso diminui, sem dúvida, o "maquiavelismo" do qual era acusado.

De todo modo, percebemos como a herança vinda de Maquiavel (embora se tenha criado o mito do maquiavelismo) marcará fortemente o pensamento político do Renascimento, protagonizando a concepção de governo que estará presente na formação dos Estados Modernos.

4.2. Os pensadores contratualistas

Nos séculos XVII e XVIII surgem teorias políticas que foram nomeadas contratualistas por conceberem que entre a sociedade civil e o Estado (ou governo) pode haver uma clivagem ou separação, tratando-se de duas entidades realmente distintas e mantidas juntas por meio de um contrato, de onde advém o termo contratualismo. Para esses autores, o ser humano é concebido como um indivíduo apartado de seu meio social, como tendo anterior ou contemporaneamente ao contexto em que está inserido uma individualidade absolutamente independente de qualquer agremiação que se lhe queira impor. Os principais pensadores contratualistas foram três: Thomas Hobbes (1588-1679), John Locke (1632-1704) e Jean-Jacques Rousseau.

Thomas Hobbes foi um pensador político que se inspirava no modelo geométrico e axiomático de Euclides para estabelecer a sua teoria. Acreditava que seria possível que as verdades no âmbito da política fossem assim edificadas. Nesse sentido, ele compõe seu arcabouço teórico situando o indivíduo da espécie humana na função de postulado ou axioma (que para Euclides e sua geometria plana seria o equivalente ao ponto), ou seja, um princípio indemonstrável, mais simples que qualquer outro, que não pode ser decomposto e por meio do qual todas as outras definições são derivadas e podem ser demonstradas (como a reta, na geometria plana, que é definida como a soma de infinitos pontos). Assim, para Hobbes, o princípio da existência individual do ser humano deve estar no início da teoria política, para então ser possível dele derivar outras noções que se sucedem numa ordem que necessariamente vai do mais simples ao mais complexo, estruturada e concatenada numa perfeita ordenação lógico-formal. Esse indivíduo, para Hobbes, não é o homem posto na História ou no tempo, nem situado em algum lugar do espaço, mas é simplesmente o princípio por meio do qual todos os outros enunciados podem ser derivados.

Hobbes concebe que o homem é, neste estágio último de não composição, movido por paixões. A paixão humana é algo que o afeta para o bem ou para o mal; portanto, além de fazer o bem, um homem também é capaz de matar outro, pois o egoísmo lhe é uma inclinação natural. O homem agrupado com os demais, para Hobbes, é naturalmente inclinado ao conflito, sendo levado a um estado de guerra de todos contra todos. Na Natureza, o homem seria o lobo do homem. Essas expressões são bastante ilustrativas de um pensamento que não se volta para o que até então acreditava-se existir, ou seja, a crença de que o homem seria indissociado do seu meio (como pensavam os antigos), ou ainda que a família era algo a que os homens naturalmente estariam ligados (concepção de Aristóteles). Justamente por acreditar que o conflito era algo insolúvel e natural aos indivíduos em sociedade, Hobbes é capaz de demonstrar a necessidade de um Estado (ou governo) oriundo de um pacto (ou contrato) entre todos os homens em sociedade para que possam ter uma situação de paz entre si. Somente o Estado, com um aparato repressivo forte (que Hobbes chamava metaforicamente de Leviatã) e que pese sobre os indivíduos e os ameace, contendo assim a natureza individualista e passional de cada um de seus membros, tornará possível a paz e, portanto, o convívio duradouro entre os homens. O governante terá de ser alguém que tenha a soberania absoluta para impor seu poder por meio do medo e da ameaça. Tendo isso em mente, Hobbes defende a monarquia absoluta como regime político para o Estado.

Outro pensador contratualista de grande destaque foi John Locke. Assim como Hobbes, ele parte da noção de indivíduo para justificar a necessidade do Estado (ou governo) como instância capaz de garantir a paz e o convívio duradouro entre os homens. Com base nisso, a segurança pública é um dos pontos mais importantes que devemos requerer do Estado e é o que nos leva ao pacto (contrato) entre todos os membros da sociedade para a criação ou legitimação do Estado como poder público e aparato político. Ainda assim, cada indivíduo deve ter direito a se armar e a reagir em legítima defesa contra alguém que o ataque ou o ameace, sem precisar esperar a intervenção armada estatal. Além dessa reação do indivíduo em prol de seus próprios interesses, há a possibilidade em Hobbes de uma reação coletiva caso o Estado (ou governo) venha a agir contrariamente aos interesses da sociedade como um todo. A isso se dá o nome de direito de resistência e é o que pode justificar sedições ou rebeliões em geral. Portanto, em John Locke haverá sempre o indivíduo coexistindo com o ser social que cada homem e mulher contém no interior de si mesmos. O direito à posse de armas e a ampliação das liberdades individuais, embora não tenha sido assim explicitado em

Locke, é algo que podemos considerar representado por seu pensamento.

Por fim, Jean-Jacques Rousseau também parte da noção de indivíduo no estado de natureza para demonstrar o quanto para ele não seria necessária nem inerente a condição da vida em sociedade. A própria vida familiar não seria uma inclinação natural ao homem. Para Rousseau, toda forma de associação humana é casual, não decorrendo por necessidade. O homem vivia feliz no estado de natureza e rompeu com aquele "momento" sem que necessitasse ou quisesse deliberadamente fazê-lo. Rousseau não se refere a um momento histórico que realmente existiu; ele idealiza uma história das origens humanas, a fim de argumentar que, a seu ver, o que explica a saída do ser humano do estado de natureza e a entrada no estado da sociedade foi o surgimento da propriedade privada. No dizer de Rousseau, o criador da sociedade foi aquele que pela primeira vez cercou suas terras, reuniu seus animais, controlou sua plantação e declarou que tudo aquilo era seu. Ao romper com sua condição natural, o homem entra propriamente na História. Esse homem idealizado de Rousseau assemelha-se ao indivíduo de

Hobbes, que não é alguém localizado num tempo e num espaço determinados, mas uma concepção de indivíduo tomada como ponto de partida de sua teoria política. A semelhança entre os dois filósofos, contudo, para aí. Para Rousseau, o homem não tende à violência gratuita, como dizia Hobbes; ele não seria nem mau nem bom, mas amoral, no sentido de que esse é seu estado de natureza. O homem seria sozinho, não se associaria a ninguém porque não teria essa necessidade. Até a fêmea, mesmo depois de ter seu filho, teria condições, segundo Rousseau, de sozinha prover o alimento, o abrigo e todo o cuidado de que o seu rebento e ela própria precisariam, sem necessidade de se unir a alguém. A mulher é retratada por Rousseau como robusta, forte e independente.

Para Rousseau, os homens firmam o contrato que os leva à criação de um Estado (ou governo) porque, já inseridos em sociedade, precisam dele para ter novamente a liberdade que perderam na passagem do estado de natureza para o estado social. Será por meio da política que os homens passam a ser livres novamente, mas, nesse caso, a renúncia à individualidade plena do estado de natureza é definitiva. Daí deriva uma condição de eterna nostalgia no homem que jamais retorna à sua natureza perdida. A política, por meio do contrato, faz com que cada um renuncie aos seus interesses pessoais em prol do coletivo ou da vontade geral, como Rousseau assim denomina. A soberania deixa de estar centrada na figura do governante e passa a ser deslocada para o povo, que se exprime por meio da vontade geral. A vontade geral, por sua vez, deve operar num regime republicano de pouca extensão geográfica e com baixo número de habitantes; os assuntos são decididos de maneira quase plebiscitária, pois há consulta popular sobre todos os rumos a serem tomados na vida pública. Essa é a forma como os indivíduos, no regime republicano idealizado por Rousseau, recuperam, por meio do contrato, a sua liberdade e adotam um estado social, embora antes vivessem na liberdade natural.

4.3. O Iluminismo em sua pluralidade

No século XVIII, o que há em comum entre os autores será a crença de que seria necessário empreender a passagem da obscuridade à luz, ou das trevas da ignorância da opinião à sabedoria da ciência. Para isso, seria preciso definir um método que priorizasse a razão e a experiência, e não mais as verdades deduzidas metafisicamente ou reveladas nas Sagradas Escrituras e propagadas por autoridades religiosas. Além disso, os autores do século XVIII não tinham mais muita coisa em comum, pois cada qual defendia uma diferente concepção filosófico-política. Sendo assim, o século XVIII é marcado pela manifestação de vozes dissonantes e é por isso que o Iluminismo não poderia ser qualificado como uma doutrina ou unidade teórica. Examinemos o pensamento de alguns dos seus representantes.

Cartas persas, de 1721, foi a obra do barão de Montesquieu (Charles Louis de Secondat – 1689-1755) considerada a inauguração do Iluminismo. A primeira das cartas narra a história de dois protagonistas que vêm de longe, de um contexto não europeu e estranho aos valores, costumes e instituições do Velho Mundo. Essa foi a maneira que o autor encontrou para criticar seu tempo e apresentar sua concepção de um mundo melhor. Escrever na forma de romance era característica de muitos filósofos daquele século. É uma maneira de tornar a leitura da Filosofia mais acessível e dotada de beleza literária, penetrando nas consciências sem que o leitor se debata com as questões áridas que tradicionalmente essa forma de pensamento se propõe tratar. O filósofo autor de romances tem, portanto, a esperança de mudar opiniões, atuando pedagogicamente junto ao leitor e transformando o mundo ao seu redor. Tornar o mundo melhor é, por sinal, outra ambição comum aos pensadores iluministas.

Montesquieu é partidário de uma concepção de República muito próxima do modelo dos romanos e diferente do que entendemos hoje por esse conceito. No entanto, temos proximidade com seu pensamento no que se refere à estruturação do poder político, pois ele concebe uma forma institucional de governar, com base na divisão de poderes (Legislativo, Judiciário e Executivo) e no respeito às leis instituídas (a Constituição do Estado). A virtude política que Montesquieu sustenta é semelhante àquela que encontramos nos antigos e inclui a noção de sacrifício, abnegação e autocontenção. A vida política ou republicana, para o pensador francês, requer daqueles que desempenham o poder político a virtude necessária para tanto. Do contrário, teremos um mau governo. Montesquieu também era um filósofo deísta. Mantinha a crença em Deus, ou seja, afirmava a existência de um ser supremo organizador do mundo, de modo que a vida ético-política poderia refletir o ordenamento cósmico.

Voltaire (1694-1778) é também um deísta, admirador do grupo religioso quacre, que tem origem na Inglaterra e se propaga nos Estados Unidos. Ao escrever principalmente na forma de panfletos e de contos, pretende alcançar a opinião pública em geral e mudá-la; enfim, transformar o mundo. Ele, de fato, se tornou um filósofo bastante influente e popular, interferindo nos acontecimentos de sua época. A concepção filosófico-política de Voltaire baseia-se no despotismo esclarecido, em que há a confiança num monarca que segue a orientação da razão em suas tomadas de decisão e maneira de governar.

O suíço Jean-Jacques Rousseau, que já mencionamos ao falar dos contratualistas, também foi um dos mais ilustres representantes do Iluminismo (talvez o mais influente deles) e com diferenças claras com relação aos demais pensadores do período. Enquanto Voltaire e Denis Diderot (1713-1784) confiam na razão como a faculdade humana que, posta em ação, conduz necessariamente ao progresso, ao bem-estar geral e à felicidade entre os homens, para Rousseau ocorre o contrário. A razão, segundo ele, leva os homens a se distanciar da Natureza e a se corromper, degenerando-se, inserindo-se no vício e caminhando para a infelicidade. Quanto mais o homem se aperfeiçoa com base na razão, mais ele decai e degenera. Com isso, Rousseau é quase uma antítese do seu século, se quisermos insistir em enquadrá-lo numa definição. Como já mencionamos no item anterior, Rousseau também se distancia de todos os outros ao preferir o governo republicano baseado na vontade geral dos cidadãos. Não se trata propriamente da democracia, mas é algo que se aproxima bastante desse ideário, pois desloca a soberania do governante para o povo, ou seja, os cidadãos que manifestam juntos a vontade geral.

Considerado o último autor do período, Condorcet (1743-1794) produziu uma síntese do legado deixado pelos pensadores anteriores e de seu tempo, como Voltaire e Rousseau. Seu pensamento expressa a confiança na razão como meio de progresso, bem-estar geral e felicidade humana, mas reconhece que nem sempre a

História conduz a esse quadro. Há momentos em que a humanidade mergulha em espessas trevas e a razão é impedida de se exercer. Para Condorcet, a forma de governo mais capaz de dificultar a humanidade de cair novamente na obscuridade e na ignorância é a república, sendo o melhor regime político a democracia representativa. Ele vive a Revolução Francesa e é também o responsável pela concepção do modelo de participação baseado no voto universal – defendido como o meio que permite o acesso de todos à participação política.

Essa imagem do Iluminismo feita de filosofias discordantes se reflete na definição do filósofo alemão Ernst Cassirer (1874-1945): o século XVIII leva a Filosofia para todos os lugares, sem pedir licença e sem esperar para ser aceita. A Filosofia invade tudo e populariza-se. A imagem aqui é a de um rio que enche, transborda e, com a sua força, quebra todos os diques. A "filosofia do XVIII", como também é conhecida, rompe as barreiras do preconceito, da ignorância e avança. É a mesma impressão que Immanuel Kant (1724-1804) nos lança sob o lema ou a palavra de ordem *Sapere aude!*, "Ousa saber!"

Nos Estados Unidos, a concepção filosófico-política de república democrática irá tomar força ao longo do século XVIII, com a atuação destacada de Thomas Paine (1737-1809) como filósofo, jornalista e homem de ação – para alguns, revolucionário – durante todo o processo que culmina na independência dos Estados Unidos da América, em 1776. Paine é o autor que está na origem da indissociação entre as duas noções – república e democracia – que até hoje prevalece nos Estados ocidentais como forma preferível de implantação política, cedendo lugar algumas vezes apenas para as monarquias constitucionais.

Vimos o quanto a tradição filosófico-política até então esteve inclinada a preterir a democracia, concebendo na maior parte das vezes o regime republicano e a aristocracia como forma de governo ideal. No contexto da independência americana, a república se fortalece, trazendo consigo a democracia como exigência fundamental; esta é concretizada no exercício do voto secreto, que aos poucos se universaliza, abrangendo também as mulheres e, em geral, todos os cidadãos em maioridade política. A elaboração do republicanismo democrático, forjada no contexto da independência americana e que tem Thomas Paine como autor central, leva-nos a estabelecer uma distinção importante perante outros autores republicanos do período moderno ou iluminista, como Rousseau e Montesquieu. Para Paine, a república moderna só poderia ser concebida em uma nação de pequena dimensão geográfica e dependeria de os cidadãos poderem ser consultados sobre cada um dos assuntos que envolvessem a política ou a vida pública de modo permanente e por meio do plebiscito: os cidadãos seriam convidados a manifestar-se no instante em que a questão lhes fosse apresentada (algo semelhante ao contexto da praça pública em que os gregos se reuniam para propor algo com base no princípio da *isegoría*, quer dizer, o direito igual à manifestação), discutir e votar (princípio da *isonomia*, segundo o qual todos os cidadãos são iguais perante as leis da cidade). Numa palavra, o voto se daria por manifestação direta, pública e espontânea na assembleia do povo reunido.

Já Rousseau conceberá de modo distinto a manifestação da vontade de cada cidadão. A expressão da vontade popular é chamada por ele de Vontade Geral; ela é soberana. Ao governante cabe somente executar o que emana da Vontade Geral. Porém, cada indivíduo perde a sua condição de individualidade plena e perfeita, para se dissolver na Vontade Geral. Em outras palavras, as liberdades ditas naturais cedem lugar à liberdade civil. Para Rousseau, não será o caso de conceber a república por meio do voto secreto e universal e em países com grandes proporções geográficas.

Para Montesquieu, a república tem aqui um sentido mais clássico, pois ele retoma a concepção antiga, sobretudo romana. Trata-se, para o filósofo, de conceber o regime republicano como aquele que é exercido na esfera pública e estritamente no contexto formal de leis estabelecidas, o que pode abranger inclusive regimes monárquicos. Em suma, o regime republicano para Montesquieu será o da *res publica* ou coisa pública como dimensão preservada das ingerências da dimensão privada ou doméstica.

Assim, percebemos claramente a distinção entre Paine e os outros pensadores do período iluminista, além dos diversos aspectos que vão se delineando no cenário da ação e do pensamento políticos após a independência norte-americana, notadamente importantes para a ideia de república que advém da Revolução Francesa (evento que ocorre, aliás, pouco mais de uma década depois, em 1789). Podemos considerar que ambos os acontecimentos – Independência dos Estados Unidos da América e Revolução Francesa – contribuem decididamente para o que se configura ulteriormente como Estado.

Nesse contexto, o do surgimento dos Estados modernos, a burguesia, que era uma classe social até então à margem do poder político e social da época (embora detivesse muito poder econômico), atinge posição de destaque na estrutura sociopolítica. Por isso, a Revolução Francesa foi nomeada por alguns como a revolução burguesa. No final do século XVIII, a república se transforma num conceito antimonarquista; essa é a acepção que se tornou corrente até os nossos dias. Posteriormente, os Estados modernos que surgem dessa inspiração vão consolidando-se como repúblicas ou monarquias constitucionais em que o ordenamento jurídico do Estado passa a prevalecer, tornando-se perene, de modo que o poder jamais poderá voltar a ser identificado com a pessoa do governante. Isso leva muitos estudiosos a considerar que as monarquias ocidentais não passam de uma instância figurativa e de importância meramente ostentatória.

Outra importante inspiração que o Ocidente atual recebe desse período é a ampliação dos diretos humanos, inicialmente designados como Direitos do Homem e do Cidadão, hoje alargados para as mulheres, crianças, idosos e tantos outros grupos que cada vez mais surgem com direitos específicos. No entanto, não tenhamos a ilusão histórica de que o Iluminismo e a Revolução Francesa obtiveram imediatamente direitos universais. Na França, por exemplo, as mulheres só conquistaram o direito ao voto no início do século XX. De todo modo, as liberdades individuais foram ampliadas, mas esbarram na igualdade que, no contexto burguês, apresenta-se como algo meramente formal. Na prática, quem tem mais liberdade é muitas vezes quem tem mais recurso financeiro ou, no mínimo, tem algum recurso que lhe garanta condições favoráveis tanto para ser livre quanto para ser digno. Dignidade é a última divisa da Revolução Francesa e também um ideal que veio do legado dos acontecimentos históricos que marcaram o final do século XVIII.

No contexto da valorização dos direitos individuais, surge um tipo de compreensão do governo chamada de pensamento liberal ou liberalismo clássico. Seus principais representantes foram John Locke e Adam Smith (1723-1790). Para Locke, o governo se caracterizava, *grosso modo*, pelo compromisso do Estado com a sociedade civil na esfera da segurança pública e da proteção dos cidadãos. Já Adam Smith operava com a distinção entre o plano da política e ação do Estado e o plano da economia. Ele como que complementa a tese sustentada por Locke ao lidar com a separação entre as esferas econômica e política, defendendo com isso a não intervenção do Estado nos assuntos econômicos. Para Smith, a economia contém o que ele denomina "mão invisível", quer dizer, ela permite que os ajustes e correções necessários sejam feitos tão logo sejam oportunos. É o caso, por exemplo, de quando há produtos escassos ou excedentes: eles geram uma oferta – menor ou maior –, que, por sua vez, se ajustará à demanda e será mediada por preços que terão os ajustes necessários para que o mercado se autorregule, sem nenhuma necessidade de intervenção política estatal. A preocupação de Adam Smith com a esfera econômica leva a chamar seu pensamento de liberalismo econômico, enquanto o de John Locke seria um liberalismo político.

4.4. A crítica à modernidade política e ao Estado burguês

No final do século XIX, em meio à crescente tendência de urbanização e industrialização das sociedades europeias e diante das condições de trabalho ruins na manufatura, aliadas a uma situação de vida em geral bastante precária para os operários, surge uma profunda desilusão e uma desconfiança quanto ao progresso da razão, a autorregulação do mercado e à crença de que o aprimoramento do conhecimento e da técnica levaria a uma situação de vida melhor e mais feliz para todos os humanos. Isso irá conduzir a posições políticas e teóricas contrárias ao Estado moderno, tido como pertencente a uma classe social específica, a burguesia. Movimentos de greves e protestos dos trabalhadores começam a dar origem a teorias importantes que sustentam esses movimentos e oferecem nova direção teórica e política.

Um pensador de destaque nesse contexto será Karl Marx (1818-1883), que nos apresenta um instrumental teórico e reflexivo voltado à crítica do Estado moderno tal como veio a constituir-se. Primeiramente, Marx propõe a noção de classe social: o homem é, antes de tudo, um ser social e submetido a condições econômicas no mundo. Em tais condições, há uma polarização entre duas classes sociais: de um lado, estão os detentores dos meios de produção econômica (os instrumentos para produzir os bens necessários à vida), que será a classe burguesa, patronal ou capitalista; de outro, estão os que detêm somente a força de trabalho (não detendo os instrumentos, eles detêm sua própria força física ou intelectual para usar os instrumentos), e são os operários ou a classe do proletariado, quer dizer, os trabalhadores. Na análise marxista, a classe capitalista é parasitária, pois não produz diretamente, mas vive do que produzem os operários. Como estes não têm direito sobre o produto final e fazem um tipo de trabalho fragmentado que os aliena da consciência de que são explorados como classe, acabam com um poder aquisitivo que lhes nega a obtenção da maior parte dos bens disponíveis para consumo no mundo burguês em que vivem. Todo esse processo se dá no plano das relações socioeconômicas, porém, Marx identifica outras práticas que determinam essas relações: a mais-valia, significando a taxa de exploração ou o lucro que é extraído do valor gasto com incrementos, instalações, matéria-prima e salários no processo de produção, e o valor final dos produtos. A mais-valia é o que empobrece e impede os trabalhadores de ter acesso aos bens produzidos no modo de produção capitalista, enriquecendo, entretanto, a classe burguesa. O proletariado, com atividades mecânicas, cotidianas e fragmentadas, encontra-se alienado de sua real condição. Nessa engrenagem, Marx identifica ainda o poder da ideologia ou do conjunto de ideias e valores que são expressos pelos sujeitos na forma de convicção. A ideologia pareceria um pensamento abstrato, mas totalmente materializado como forma de exploração, repressão e opressão da classe trabalhadora. Além do plano das relações econômicas em que tudo isso irá se passar, há ainda o plano político. Essas duas dimensões serão nomeadas como infraestrutura e superestrutura da sociedade, respectivamente.

O Estado, para Marx, estará no plano da superestrutura da sociedade e não será jamais neutro, embora se apresente como tal. No contexto capitalista, o Estado será burguês, pois vincula-se à classe dominante, e a ideologia dessa classe é reproduzida com a finalidade de garantir maior exploração dos trabalhadores, submetendo-os a situações de repressão e opressão. Ainda segundo Marx, só uma revolução pode modificar efetivamente as bases estruturais da sociedade, invertendo de posição os que seriam subjugados e os subjugadores, levando aqueles a uma condição futura de dominantes e libertando-os da opressão e exploração às quais estiveram submetidos. Com isso haverá, na utopia política marxista, distribuição efetiva das riquezas e dos produtos do trabalho e do progresso que a humanidade até aquele momento produziu.

Da teoria de Marx nasceu a concepção socialista do Estado. Para implantá-la, houve algumas revoluções no século XX (como foi o caso da Rússia, China e Cuba) e algumas grandes nações foram expandidas (como ocorreu com os impérios russo e chinês, anexando territórios circunvizinhos). Na teoria de Marx, o processo histórico ocorre segundo o materialismo dialético, em que as condições materiais de cada período é que impulsionam o devir histórico por meio de conflitos e superações, ou seja, dialeticamente, num movimento que se desenha como sendo espiral e ascendente, pois Marx tem a crença em um acúmulo de condições para que a revolução efetivamente aconteça, com o proletariado adquirindo cada vez mais consciência de classe e com os elementos históricos ou materiais cada vez mais favoráveis. Essa ascensão levaria à superação do capitalismo e colocaria em seu lugar a ditadura do proletariado. Depois disso, viria a fase do socialismo e, finalmente a do comunismo, quando não haveria mais oposição ou conflito entre os homens e todos seriam plenamente iguais entre si.

Na contrapartida da concepção marxista, revive em nossos dias a defesa da concepção liberal da política e do Estado, sob o nome de pensamento neoliberal. Ganha nova força a ideia da não intervenção do Estado na economia e em setores que oferecem assistência à sociedade civil (como educação, saúde, habitação e transporte). Hoje, a economia dos mais diferentes países encontra-se bastante concentrada em alguns monopólios e oligopólios que formam cartéis e trustes, com concentração de capital em grandes empresas. Essas empresas fazem fusões e formam conglomerados que ditam quase que exclusivamente a lei da oferta e da procura, ou seja, determinam o comportamento do mercado. São empresas de natureza multinacional e transnacional, impedindo a livre circulação de bens e de mercadorias que John Locke e Adam Smith tanto idealizaram. Uma das poucas coisas que mesmo os críticos do sistema liberal elogiam, qual seja, a livre concorrência como expressão da liberdade individual, desaparecem em um cenário neoliberal da atualidade. Talvez um dos resultados dessa concepção e dessa prática seja o aumento da miséria e da precariedade das condições de vida por todo o mundo, sobretudo no que se convencionou mais recentemente denominar como grupo dos "países emergentes" e subdesenvolvidos. Os neoliberais não aceitam essa interpretação e preferem insistir que não haja intervenção ou auxílio estatal nos assuntos econômicos e sociais. Deixamos ao leitor a tarefa de refletir e comparar os modelos teóricos aqui apresentados, a fim de ver qual corresponde mais à realidade.

Há ainda teóricos e ideólogos de outra doutrina que surgiu no século XIX. Trata-se dos anarquistas, cujos mentores mais célebres foram Pierre Joseph Proudhon (1809-1865) e Mikhail Bakunin (1814-1876). Os anarquistas negam o Estado como superestrutura de poder na sociedade, conforme concebido por Marx, e acreditam que deve haver autogestão em todos os níveis do poder. Ninguém deve aceitar ser dominado por outrem. Todos devem buscar exprimir-se livremente, sem a tutela do Estado, de um patrão ou de sacerdotes de uma igreja. Para os anarquistas, não haveria momentos em que, por meio do processo histórico materialista-dialético, a classe operária ocuparia o poder e implantaria a ditadura do proletariado. O que ocorreria é a possibilidade de adentrar diretamente a fase em que a igualdade entre todos na sociedade fosse plenamente estabelecida. Nesse sentido, o pensamento anarquista sustenta que seria possível a derrocada do Estado por completo e uma situação de bem-estar e felicidade geral para todos se continuássemos simplesmente a resistir e a lutar contra toda a espécie de poder instituído, pela autogestão e igualdade plena dos indivíduos.

5. Conclusão

Vimos nesta breve e sucinta exposição sobre o sentido da política e o caráter do governo e do Estado que muitos desdobramentos se apresentam como fonte quase inesgotável de investigação e reflexão. Elementos do passado e do presente projetam-nos para um futuro ambicionado como ideal. Esse ideal – algo que ainda persuade, afeta, movimenta e impulsiona multidões em todo o planeta – pode ser considerado ideologia em um sentido abrangente ou mesmo utopia.

Temos assistido a muitas ocasiões em que grandes grupos da população de muitos países saem às ruas para reivindicar certos interesses que muitas vezes nem entendemos, tamanha é a profusão de ideias e convicções que se manifestam. Essas ideologias políticas são entendidas neste livro como sistemas de ideias, relativamente articuladas, que podem ter ou não correlatos com elementos da realidade. As ideologias não dependem do real para existir e adquirem mais ou menos força em dado contexto histórico. Se há uma importante situação de crise social ou econômica, ou uma situação de opressão a grupos particulares, apartados dos demais por características éticas, econômicas, sexuais ou religiosas, as ideologias necessariamente se fortalecem e eclodem na forma de manifestações sociais. A internet e as redes sociais virtuais têm servido de instrumento importante em contextos mais recentes para a difusão, organização e mobilização dos movimentos sociais que depois saem às ruas.

O Estado muitas vezes não está na mira direta de tais movimentos, mas os governos, sim. Isso pode permitir que você, leitor, compreenda melhor o esforço dos filósofos para entender o que realmente é um governo político. Aliás, contemporaneamente, cabe a distinção entre Estado e governo, o que, na verdade, não era possível notar nos textos produzidos até meados do século XIX. Os Estados nacionais de hoje resultam do trabalho feito na Modernidade, desde o século XVI, para unificar populações e regiões antes apartadas. A maioria das unificações cessou no final do século XIX, como, por exemplo, a da Itália e da Alemanha, mas em alguns casos estendeu-se até o século XX. Há ainda na atualidade movimentos separatistas e até contestações populares de cunho étnico-nacionalistas que ameaçam as configurações da geopolítica hegemônica em certos países, colocando permanentemente em xeque as unificações que edificaram os Estados nacionais na Europa. Esse processo histórico também permite ver como não são tão naturais quanto às vezes parecem as ideias de "país", "povo", "nação" e mesmo de "cultura". A formação dessas noções acompanhou, em grande parte, a história das concepções de política, governo e Estado que apresentamos neste livro.

No tocante à diferença atual entre Estado e governo, dizemos ainda que uma política de Estado é algo duradouro ou perene porque se concentra no plano constitucional ou no ordenamento jurídico-normativo dos países e é implantada como algo a ser executado em longo prazo, permanecendo na vida civil das pessoas. Já a política de governo é estabelecida com metas de curto e médio prazos, ainda que venham a ser positivadas na forma de leis. A política de governo se configura também como o conjunto de ações relativas aos partidos majoritários e aos políticos que em dada ocasião ocupam efetivamente o poder. Em geral, é a esfera da política de governo que é alvo de crítica, contestação e oposição social, pois são as ações que se instalam mais repentinamente e provocam, muitas vezes, desestabilizações, prejuízos ou crises graves na vida social. Procuramos mostrar também que esses prejuízos e crises são provocados porque os governos, que hoje não se submetem mais a debates éticos particulares, terminam, quase sempre, submissos a interesses econômicos, o que nos permite refletir mais intensamente sobre a natureza dos governos e dos Estados.

No percurso que buscamos empreender nesta obra, alguns problemas suscitados permanecem em nós como sendo de difícil resolução. Um deles diz respeito à relação do indivíduo com a política a partir da Modernidade. Hoje, a individualidade não só adquire existência própria e separada do meio sociopolítico, como também é proclamada como um ideal a ser perseguido – ao menos nos países ocidentais e capitalistas – e sustentado no plano dos direitos sociais. A essa individualidade se vê ligada a noção de liberdade ou de liberdades individuais (liberdade religiosa, liberdade de expressão, direito à propriedade, à autodefesa, à privacidade, à segurança etc.).

A dificuldade que essa crença produz aparece na falta de engajamento dos cidadãos nos assuntos da esfera pública e política e na busca do bem coletivo. Há uma forte tendência nos países ocidentais e capitalistas para que cada indivíduo pense e aja exclusivamente conforme às suas vontades, desejos e necessidades, levando em conta, além dele mesmo, somente a existência de pessoas de sua esfera mais íntima como familiares e talvez amigos. Essa dificuldade torna difícil até mesmo o trabalho de posicionar-se de modo crítico e propositivo em relação às formas com que os Estados predominantemente se apresentam em nossos dias, ao menos nos países ocidentais, todos sob a égide da democracia.

Um sintoma explícito dessa dificuldade é o que observamos atualmente: a política, os governos e a estrutura dos Estados são transformados, em vários casos, em meio eficaz para aumentar privilégios pessoais ou de grupos coligados. A política pressuporia talvez uma dose de sacrifício ou abnegação, o que é cada vez mais difícil supor ser possível aos cidadãos em nossos dias, ávidos a levar vantagens pessoais. Este é um ponto que, sem dúvida, merece que nós nos confrontemos para pensar, agir, debater e refletir. Nisso reside um dos grandes – talvez o maior deles - desafio que está no horizonte de nossa interação política com o Estado e com a sociedade em nossos dias, algo que também merece ser incorporado em nossas práticas ideológicas. Daí a importância da reflexão sobre a natureza do Estado e do poder ou governo em geral. As linhas gerais dessa reflexão são as que registramos nesse livro, convidando agora o leitor a seguir com o trabalho do pensamento.

OUVINDO OS TEXTOS

Texto 1. Platão (428/427-348/347 a.C.), *O governante filósofo*

Enquanto os filósofos não forem reis nas cidades, ou os que hoje chamamos reis e soberanos não forem verdadeira e seriamente filósofos; enquanto o poder político e a Filosofia não se encontrarem no mesmo sujeito; enquanto as numerosas naturezas que perseguem atualmente um ou outro destes fins de maneira exclusiva não forem reduzidas à impossibilidade de proceder assim, não haverá termo, meu caro Glauco, para os males da cidade, nem, parece-me, para os do gênero humano, e jamais a cidade que há pouco descrevemos será realizada, tanto quanto possa sê-lo, e verá a luz do dia.
Eis o que eu vacilei muito tempo em dizer, prevendo o quanto estas palavras chocariam a opinião comum, pois é difícil conceber que não haja de outro modo felicidade possível, para o Estado e para os particulares.

Então disse Glauco: Após proferir semelhante discurso, esperas, por certo, Sócrates, ver muita gente, e não sem valor, arrancar, por assim dizer, os trajes, e nus, agarrando a primeira arma ao seu alcance, precipitar-se sobre ti com todas as forças, no intuito de praticar maravilhas. Se não os rechaçares com as armas da razão, e se não lhes escapares, aprenderás à tua própria custa o que significa escarnecer.

PLATÃO. *A República*. Trad. J. Guinsburg.
São Paulo: Difel, 1965, vol. II, pp. 45-6.

Texto 2. Aristóteles (384-322 a.C.), *O Estado, o corpo, seus poderes e funções*

O Estado, ou sociedade política, é até mesmo o primeiro objeto a que se propôs a natureza. O todo existe necessariamente antes da parte. As sociedades domésticas e os indivíduos não são senão as partes integrantes da cidade. Todas subordinadas ao corpo inteiro. Todas distintas por seus poderes e suas funções, e todas inúteis quando desarticuladas, semelhantes às mãos e aos pés que, uma vez separados do corpo, só conservam o nome e a aparência, sem a realidade como uma mão de pedra. O mesmo ocorre com os membros da cidade: nenhum pode bastar-se a si mesmo. Aquele que não precisa dos outros homens, ou não pode resolver--se a ficar com eles ou é um deus, ou um bruto. Assim, a inclinação natural leva os homens a esse gênero de sociedade. O primeiro que a instituiu trouxe-lhe o maior dos bens. Mas, assim como o homem civilizado é o melhor de todos os animais, aquele que não conhece nem justiça nem leis é o pior de todos. Não há nada, sobretudo, de mais intolerável do que a injustiça armada. Por si mesmas, as armas e a força são indiferentes ao bem e ao mal: é o princípio motor que qualifica o seu uso. Servir-se delas sem nenhum direito e unicamente para saciar suas paixões rapaces ou lúbricas é atrocidade e perfídia. Seu uso só é lícito para a justiça. O discernimento e o respeito ao direito forma a base da vida social e os juízes são seus primeiros órgãos.

> ARISTÓTELES. *A política*. Trad. Roberto Leal Ferreira. São Paulo: Martins Fontes, 2000, pp. 5-6.

Texto 3. Maquiavel (1469-1527), *A boa-fé e a astúcia na condução do governo*

> Todos reconhecem o quanto é louvável que um príncipe mantenha a palavra empenhada e viva com integridade e não com astúcia. Entretanto, por experiência, vê-se, em nossos tempos, que fizeram grandes coisas os príncipes que tiveram em pouca conta a palavra dada e souberam, com astúcia, revirar a mente dos homens, superando, enfim, aqueles que se pautaram pela lealdade.
>
> Devemos, pois, saber que existem dois gêneros de combates: um com as leis e outro com a força. O primeiro é próprio ao homem, o segundo é o dos animais. Porém, como frequentemente o primeiro não basta, convém recorrer ao segundo. Portanto, é necessário ao príncipe saber usar bem tanto o animal quanto o homem. Isto já foi ensinado aos príncipes, em palavras veladas, pelos escritores antigos, que escreveram que Aquiles e muitos outros príncipes antigos haviam sido criados por Quíron, o centauro, que os guardara sob sua disciplina. Ter um preceptor meio animal meio homem não quer dizer outra coisa senão que um príncipe deve saber usar ambas as naturezas e que uma sem a outra não é duradoura.

Visto que um príncipe, se necessário, precisa saber usar bem a natureza animal, deve escolher a raposa e o leão, porque o leão não tem defesa contra os laços, nem a raposa contra os lobos. Precisa, portanto, ser raposa para conhecer os laços e leão para aterrorizar os lobos. Os que fizerem simplesmente a parte do leão não serão bem-sucedidos. Assim, um príncipe prudente não pode, nem deve, guardar a palavra dada, quando isso se torna prejudicial ou quando deixem de existir as razões que o haviam levado a prometer. Se os homens fossem todos bons, este preceito não seria bom, mas, como são maus e não mantêm sua palavra para contigo, não tens também que cumprir a tua. Tampouco faltam ao príncipe razões legítimas para desculpar sua falta de palavra.

MAQUIAVEL. *O Príncipe*. Trad. Maria Júlia Goldwasser. São Paulo: Martins Fontes, 1993, pp. 82-3.

Texto 4. Hobbes (1588-1679), *A proteção dos súditos como obrigação do soberano*

Entende-se que a obrigação dos súditos para com o soberano dura enquanto, e apenas enquanto, dura também o poder mediante o qual ele é capaz de protegê-los. Porque o direito que por natureza os homens têm de defender-se a si mesmos não pode ser abandonado através de pacto algum. A soberania é a alma do Estado, e uma vez separada do corpo os membros deixam de receber dela seu movimento. O fim da obediência é a proteção, e seja onde for que um homem a veja, quer em sua própria espada quer na de um outro, a natureza manda que a ela obedeça e se esforce por conservá-la. Embora a soberania seja imortal, na intenção daqueles que a criaram, não apenas ela se encontra, por sua própria natureza, sujeita à morte violenta através da guerra exterior, mas encerra também em si mesma, devido à ignorância e às paixões dos homens, e a partir da própria instituição, grande número de sementes de mortalidade natural, através da discórdia intestina.

HOBBES, Thomas. *Leviatã*. Segunda Parte: "Do Estado", cap. XXI. Trad. João Paulo Monteiro e Maria Beatriz Nizza da Silva. São Paulo: Abril Cultural, 1979, p. 135 (Coleção "Os Pensadores").

Texto 5. Locke (1632-1704), *Da importância do governo para os indivíduos em sociedade*

> Se o homem no estado de natureza é tão livre, conforme dissemos, se é senhor absoluto da sua própria pessoa e posses, igual ao maior e a ninguém sujeito, por que abrirá ele mão dessa liberdade, por que abandonará o seu império e sujeitar-se-á ao domínio e controle de qualquer outro poder? Ao que é óbvio responder que, embora no estado de natureza tenha tal direito, a fruição do mesmo é muito incerta e está constantemente exposta à invasão de terceiros porque, sendo todos reis tanto quanto ele, todo homem é igual a ele, e na maior parte pouco observadores da equidade e da justiça, a fruição da propriedade que possui nesse estado é muito insegura, muito arriscada. Estas circunstâncias obrigam-no a abandonar uma condição que, embora livre, está cheia de temores e perigos constantes; e não é sem razão que procura de boa vontade juntar-se em sociedade com outros que estão já unidos, ou pretendem unir-se, para a mútua conservação da vida, da liberdade e dos bens a que chamo de "propriedade".
>
> LOCKE, John. *Segundo tratado sobre o governo.* Trad. Anoar Aiex e E. Jacy Monteiro: Abril Cultural, 1978, cap. IX, p. 82 (Coleção "Os Pensadores").

Texto 6. Rousseau (1712-1778), *Sobre a vontade geral e a simplicidade das leis*

Enquanto muitos homens reunidos se consideram um único corpo, eles não têm senão uma única vontade que se liga à conservação comum e ao bem-estar geral. Então, todos os expedientes do Estado são vigorosos e simples; suas máximas, claras e luminosas; absolutamente não há qualquer interesse confuso, contraditório; o bem comum se patenteia em todos os lugares e só exige bom senso para ser percebido. A paz, a união, a igualdade são inimigas das sutilezas políticas. Os homens corretos e simples são difíceis de enganar, devido à sua simplicidade. Não os impressionam de modo algum as astúcias e os pretextos rebuscados, nem chegam mesmo a ser bastante sutis para serem tolos. Quando se veem, entre os povos mais felizes do mundo, grupos de camponeses regulamentarem os negócios do Estado sob um carvalho e se conduzirem sempre sabiamente, pode-se deixar de desprezar os rebuscamentos das outras nações, que com tanta arte e mistério se tornam ilustres e miseráveis?

ROUSSEAU, J.-J. *Do Contrato Social*. Livro quarto, cap. I. Trad. Anoar Aiex e E. Jacy Monteiro: Abril Cultural, 1978, p. 117 (Coleção "Os Pensadores").

Texto 7. Adam Smith (1723-1790), *Sobre a mão invisível*

Já que cada indivíduo procura, na medida do possível, empregar o seu capital em fomentar a atividade [...] e dirigir de tal maneira essa atividade que seu produto tenha o máximo valor possível, cada indivíduo necessariamente se esforça por aumentar ao máximo possível a renda anual da sociedade. Geralmente, na realidade, ele não tenciona promover o interesse público nem sabe até que ponto o está promovendo. [...] [Ao empregar o seu capital] ele tem em vista apenas sua própria segurança; ao orientar sua atividade de tal maneira que sua produção possa ser de maior valor, visa apenas o seu próprio ganho e, neste, como em muitos outros casos, é levado como que por uma mão invisível a promover um objetivo que não fazia parte de suas intenções. Aliás, nem sempre é pior para a sociedade que esse objetivo não faça parte das intenções do indivíduo. Ao perseguir seus próprios objetivos, o indivíduo muitas vezes promove o interesse da sociedade muito mais eficazmente do que quanto tenciona realmente promovê-lo.

SMITH, A. *A riqueza das nações – investigando sobre sua natureza e suas causas.* São Paulo: Abril Cultural, 1983, p. 379.

Texto 8. Karl Marx (1818-1883), *Sobre a alienação*

A alienação aparece tanto no fato de que *meu* meio de vida é de *outro*, que *meu* desejo é a posse inacessível de *outro*, como no fato de que cada coisa é outra que ela mesma, que minha atividade é *outra coisa*, e que, finalmente (e isto é válido também para o capitalista), domina em geral o poder desumano. A destinação da riqueza esbanjadora, inativa e entregue ao gozo, cujo beneficiário *atua*, de um lado, como um indivíduo somente *instável*, que desperdiça suas energias, que considera o trabalho escravo alheio – o *suor sangrento* dos homens – como presa de seus apetites e que, por isso, considera o próprio homem (e com isto a si próprio) como um ser sacrificado e nulo (o desprezo do homem aparece, assim, em parte como arrogância, como esbanjamento daquilo que poderia prolongar centenas de vidas humanas, e em parte como a infame ilusão de que seu desperdício desenfreado e incessante, seu consumo improdutivo condicionam o *trabalho* e, por isso, a *subsistência* dos demais), esta destinação encara a efetivação das *forças* humanas *essenciais* apenas como efetivação de sua não essência (*Unwesen*), de seus humores, de seus caprichos arbitrários e bizarros.

MARX, Karl. *Manuscritos econômico-filosóficos*.
Trad. José Carlos Bruni. São Paulo: Abril Cultural,
1978, p. 22 (Coleção "Os Pensadores").

Texto 9. Mikhail Bakunin (1814-1876), *Sobre as noções de Estado e liberdade*

Sou um amante fanático da liberdade, considerando que ela é o único meio em cujo seio podem se desenvolver e crescer a inteligência, a dignidade e a felicidade dos homens; não dessa liberdade formal, outorgada, medida e regulamentada pelo Estado, mentira eterna e que na realidade não representa nunca nada mais do que o privilégio de uns poucos fundado sobre a escravidão de todos; não dessa liberdade individualista, egoísta, mesquinha e fictícia, apregoada pela escola de Rousseau, assim como por todas as outras escolas do liberalismo burguês, que consideram o chamado direito de todos, representado pelo Estado, como o limite do direito de cada um, o que leva necessariamente e sempre à redução do direito de cada um a zero. Não, eu entendo por liberdade a única que seja verdadeiramente digna deste nome, a liberdade que consiste no pleno desenvolvimento de todas as potências materiais, intelectuais e morais que se encontram em estado de faculdades latentes em cada um; a liberdade que não reconhece outras restrições que aquelas que nos tragam as leis de nossa própria natureza; de sorte que, propriamente falando, não tem restrições, já que estas leis nos são impostas por um legislador de fora, que reside seja ao lado, seja por cima de nós, são imanentes a nós, inerentes, constituem a base de todo nosso ser, tanto material quanto intelectual e moral.

BAKUNIN, M. "A Comuna de Paris e a noção de Estado". In: *A Comuna de Paris*. São Paulo: Unipa, 2011, p. 7 (Série "Biblioteca Anarquista", vol. 1).

EXERCITANDO A REFLEXÃO

1. Alguns exercícios para você compreender melhor o tema:

1.1. Como Sócrates e Platão entendem que deva ser o governo ou o Estado e qual é o papel da educação para realizá-lo?

1.2. Em linhas gerais, como Aristóteles nos apresenta a ideia de governo ou do Estado a partir de sua noção de animal político?

1.3. Estabeleça um quadro comparativo com algumas das características que nos aproximam e com outras que nos distanciam dos povos antigos no que diz respeito ao Estado ou governo e à política.

1.4. Qual é a distinção que existe entre poder privado ou doméstico e poder público ou político na Antiguidade? A partir disso, qual é a relação que podemos estabelecer com a nossa situação política nos Estados atuais?

1.5. Como a democracia era concebida para os pensadores da Antiguidade, como Platão e Aristóteles? Por quê?

1.6. Qual a tese central sustentada por Giorgio Agamben em sua interpretação da relação entre poder e vida individual na Idade Média?

1.7. Na atualidade, quais são as possibilidades praticadas como regimes e formas de governo presentes nos Estados?

1.8. O mundo ocidental prefere quais regimes e formas de governo? Por quê?

1.9. Em relação às noções de Direitos do Homem e do Cidadão (basicamente, liberdade, igualdade e dignidade), o que ainda se mantém e o que foi alterado nos governos ou Estados da atualidade? O que representa essa alteração?

1.10. Quais as características do pensamento de Maquiavel em relação ao governo ou ao Estado? Por que esse autor é considerado o pai do Estado moderno?

1.11. Qual a relação que o homem estabelece (períodos antigo, medieval, renascentista, moderno e contemporâneo) com o governo ou o Estado?

1.12. Quais as principais aproximações que podemos estabelecer entre os diferentes autores do período iluminista? Quais as diferenças que também podem ser estabelecidas entre os autores desse período aqui estudados?

1.13. Quais as características mais marcantes dos pensadores contratualistas? Quem são esses autores e quais as principais ideias de cada um? Estabeleça uma comparação entre a concepção por eles apresentada em relação ao governo ou Estado e o que o pensamento antigo de Platão e Aristóteles havia produzido.

1.14. Qual a contribuição da Independência dos Estados Unidos e da Revolução Francesa para os Estados contemporâneos?

1.15. Estabeleça uma comparação entre o liberalismo clássico e o neoliberalismo, exemplificando em contextos políticos da atualidade as consequências da implantação da política neoliberal no âmbito do Estado e dos governos.

1.16. Em linhas gerais, qual a crítica de K. Marx aos Estados modernos que surgem no contexto da Revolução Francesa? O que ele proporia como alternativa?

1.17. Como o anarquismo, em geral, posiciona-se em relação ao Estado burguês e todas as formas de poder que nele estão contidas?

2. Praticando-se na análise de textos:

2.1. Leia o texto 2, de Aristóteles. Veja quais as ideias centrais contidas nele e reconstitua-as conforme as definições e a estrutura argumentativa do autor. Redija sua reestruturação das ideias que estão no texto.

2.2. Releia o texto de Aristóteles e o seu. A partir disso, pense sobre os assuntos que eles contêm e relacione com o que ocorre em nossos dias relativamente ao Estado ou poder político. Redija um texto sobre o resultado dessa comparação.

3. Outros exercícios

Para enriquecer sua compreensão, faça as seguintes pesquisas:

3.1. Estude os povos greco-romanos da Antiguidade, suas tradições culturais, costumes, características econômicas, sociais e políticas. Veja particularmente como se dava a expansão territorial e colonialista do período.

3.2. Estude os Estados modernos que foram sendo constituídos no processo de unificação das nações europeias. Traga os elementos das consequências desse processo no que diz respeito à ocupação de outras regiões que passaram a ser anexadas a esses Estados, mas que tinham língua, costumes, cultura e história distintas dos povos que os subjugaram e os unificaram em torno de uma grande nação. Veja também como se deram a expansão e o processo de colonização ultramarina dessas nações europeias na Modernidade.

3.3. Estude os conceitos de cidadania e escravidão dos antigos e dos modernos.

3.4. Estude os movimentos de independência existentes na Europa contemporaneamente e que buscam soberania política diante do Estado-nação que os dominou.

3.5. Redija um texto em que você analisa os resultados das pesquisas realizadas. Busque chegar a uma conclusão pessoal que unifique os assuntos abordados.

DICAS DE VIAGEM

Para você continuar sua viagem pelo tema do Estado, sugerimos:

1. Assista aos seguintes filmes, tendo em mente as reflexões que fizemos neste livro.

- **1.1.** *A rainha Margot* (*Margot*), direção de Patrice Chéreau, França/Alemanha/Itália, 1993.
- **1.2.** *A Odisseia* (*Odissey*), direção de Andrei Konchalovsky, EUA, Reino Unido, Grécia, Itália, Alemanha, 1997.
- **1.3.** *Gladiador* (*Gladiator*), direção de Ridley Scott, EUA e Reino Unido, 2000.
- **1.4.** *Adeus, Lenin!* (*Good bye, Lenin!*), direção de Wolfgang Becker, Alemanha, 2003.
- **1.5.** *Albergue espanhol* (*Auberge espagnol*), direção de Cédric Klapisch, França/Espanha, 2003.

1.6. *A vida dos outros* (*La vie des autres*), direção de Florian Henckel von Donnersmarck, Alemanha, 2006.

2. Leia as seguintes obras:
  2.1. *Cartas persas*, de Montesquieu (São Paulo: WMF Martins Fontes, 2009).
  2.2. *Cândido, ou o otimista*, de Voltaire (São Paulo: Companhia das Letras, 2012).
  2.3. *O vermelho e o negro*, de Stendhal (Porto Alegre: L&PM, 2002).

LEITURAS RECOMENDADAS

Sugerimos aqui algumas leituras centrais para o enriquecimento de sua reflexão sobre o tema do Estado:

ARISTÓTELES. *A política*. Trad. Roberto Leal Ferreira. São Paulo: Martins Fontes, 2000.
Nesse trabalho, Aristóteles desenvolve sua concepção política com base no legado grego e expõe as linhas centrais de sua teoria sobre o Estado ou o governo.

CASSIRER, E. *O mito do Estado*. Trad. Álvaro Cabral. Rio de Janeiro: Zahar, 1976.
Livro escrito por Ernst Cassirer a pedido de amigos e pouco antes de morrer. Trata-se de uma revisão do pensamento político ocidental, com atenção especial ao culto do herói e da raça, buscando interpretar o momento vivido pelo autor (a ascensão do nazismo).

GILES, T. R. *Estado, poder e ideologia*. São Paulo: EPU, 1985.
O livro trata o Estado como sustentáculo do poder político, resultando da evolução psicológica e social da co-

letividade, o que o faz provocar um forma inédita de poder, desvinculando-o daqueles que o exercem para encarná-lo numa instituição. A Teoria do Estado e a do poder político são inseparáveis da condição ideológica.

MAQUIAVEL. *O Príncipe*. Trad. Maria Júlia Goldwasser. São Paulo: Martins Fontes, 1993.

Essa obra, um marco da política moderna, reflete sobre o que o autor considera a política real e o norteamento da ação do governante.

MARX, K. *Manuscritos econômico-filosóficos e outros textos escolhidos*. São Paulo: Abril Cultural, 1978 (Coleção "Os Pensadores").

Essa seleção de textos traz a crítica do autor às teses principais do liberalismo econômico protagonizado por Adam Smith como também apresenta o pensamento econômico-político de Marx e a sua teoria de Estado.

MONTAIGNE, M. "Do útil e do honesto". In: *Os ensaios*. Trad. Rosemary Costhek Abílio. São Paulo: Martins Fontes, 2000.

Nessa parte da obra Os ensaios, *Montaigne retoma o mesmo título de uma parte da obra* De Officiis *de Cícero para se esquivar da acusação de maquiavelismo, ao mesmo tempo que nos apresenta a sua concepção de política e o posicionamento que assume diante dos assuntos do governo da cidade.*

PLATÃO. *A República*. Trad. J. Guinsburg. São Paulo: Difel, 1965.

Nessa obra, Platão aborda por meio do diálogo entre Sócrates e seus interlocutores, diversos temas filosóficos fundamentais, entre eles a política, a justiça, a república e seus fins, a formação do governante etc.

ROUSSEAU, J.-J. *Do Contrato Social*. Trad. Lourdes Santos Machado: São Paulo: Abril Cultural, 1978 (Coleção "Os Pensadores").

Essa obra concentra as principais teses do pensamento filosófico-político do filósofo em torno da defesa de um modelo republicano para o Estado ou governo.

VAN CREVELD, M. L. *Ascensão e declínio do Estado*. São Paulo: WMF Martins Fontes, 2004.

O autor narra a história do Estado, desde seus primórdios até o presente. Partindo das mais simples instituições políticas que já existiram, ele mostra ao leitor as origens do Estado, seu desenvolvimento, sua apoteose durante as duas guerras mundiais e sua difusão do berço na Europa ocidental a todo o planeta.